IMPRIMÉ CHEZ PAUL RENOUARD,
rue Garancière, 5.

PRÉCIS DES FAITS

RELATIFS AU

CHANGEMENT DE COULEURS

A LORIENT

LORS DE LA RÉVOLUTION DE JUILLET 1830,

ET A LA RÉVOCATION EN JANVIER 1831,

DU Cte REDON DE BEAUPREAU,

Conseiller d'état, préfet maritime de ce port.

PARIS

avril 1842.

PRÉCIS DES FAITS

RELATIFS AU

CHANGEMENT DE COULEURS

A LORIENT

LORS DE LA RÉVOLUTION DE JUILLET **1830,**

ET A LA RÉVOCATION, EN JANVIER 1831, DU COMTE REDON DE BEAUPREAU,
CONSEILLER D'ÉTAT, PRÉFET MARITIME DE CE PORT.

PREMIÈRE PARTIE.

CHANGEMENT DE COULEURS.

J'étais préfet maritime à Lorient, lors de la révolution de Juillet 1830.

L'utilité de mes services, dans une partie aussi spéciale que l'administration de la marine, m'avait seule protégé pendant la restauration contre les préventions, et les attaques qu'excitaient les opinions dites alors libérales que je ne cachais pas, et qui avaient bien souvent compromis ma position.

Lorsque les ordonnances fatales du 25 juillet 1830 parurent, j'en prévis, j'en annonçai hautement les conséquences. Bien résolu, dans tous les cas, à ne pas concourir à leur exécution, mon premier mouvement fut de donner ma démission; cependant, comme le roi pouvait encore ouvrir les yeux et reculer, et que d'ailleurs je n'avais à faire aucun acte politique avant les élections, je crus avoir le temps de consulter un ami éclairé et bien placé à Paris pour juger la question; mais, quand ma lettre lui parvint, Charles X était déjà en fuite à Rambouillet.

C'est dans ces dispositions que la nouvelle des combats de Paris vint me surprendre.

Je trouvais fort dur de me sacrifier, contre mes convictions, pour des gens qui m'auraient chassé, s'ils étaient restés les plus forts; mais l'honneur exigeait, puisque je ne les avais pas quittés avant leur chute, que je restasse fidèle à mon serment.

Cependant j'étais bien loin de vouloir opposer une résistance personnelle au vœu national, quand il aurait été positivement et légalement exprimé; je déclarai hautement en conséquence ma résolution de ne pas donner l'ordre d'amener le pavillon blanc, tant que le roi n'aurait pas abdiqué ou n'aurait pas abandonné la France; ou, si le changement de couleurs devenait possible avant que cette condition n'eût été remplie, de donner ma démission, pour laisser faire la chose par mon remplaçant.

Mais le régiment suisse, qui était maître de la place, naturellement fort échauffé et fort inquiet, et que son colonel contenait à peine, sentant toute l'importance, pour les Bourbons de la branche aînée, de leur conserver un point aussi précieux qui pouvait devenir le pivot d'une prise d'armes dans les provinces de l'Ouest; le régiment suisse, dis-je, opposait une résistance invincible. Occupant, au nombre de 1,800 hommes, le port militaire, où il avait un bataillon caserné, la ville de Lorient et la citadelle du port Louis; gardant tous nos dépôts d'armes et de munitions; et ayant déclaré qu'il considérerait comme une attaque toute tentative d'en rien distraire; seul fourni de cartouches, et appuyé sur les campagnes qui, au premier coup de fusil, seraient arrivées à son secours, il comprimait une population désarmée et moins de 300 soldats et ouvriers d'artillerie de marine, placés sous mes ordres, et seules troupes françaises qui fussent dans la place. C'eût été évidemment vouloir faire de Lorient un cimetière que d'essayer de changer de couleurs malgré ce régiment, et la chose eût été d'autant plus déraisonnable que la marche rapide des événemens permettait d'espérer promptement un dénoûment pacifique.

D'ailleurs, je le répète, mon honneur était engagé à ne pas ordonner ce changement avant d'avoir été délié de mon serment, et aucune considération, aucun sentiment personnel ne pouvaient l'emporter, à mes yeux, sur ce devoir.

En conséquence, je gardai secret, en le considérant comme non avenu, l'ordre que je reçus, le 4 août, par estafette, du gouvernement provisoire, de faire arborer le pavillon tricolore, et je ne fus pas davantage ébranlé par l'exemple du port de Brest qui avait déjà opéré ce changement de couleurs; je me bornai à faire connaître confidentiellement, mais comme à un ami seulement, les motifs de mon refus, à M. Tupinier, chargé de l'administration de la marine, et qui avait signé cet ordre. (*Pièce n° 1.*)

Cependant j'avais catégoriquement déclaré à une députation des habitans les plus ardens, et j'avais répété, en présence de témoins, au colonel suisse, M. de Bontems, à la noble et humaine conduite duquel je me plais au surplus à rendre justice, que, si une goutte de sang français était versée, il n'y aurait plus de question de couleurs, mais que tous nous nous réunirions contre les étrangers, et que je donnerais l'exemple.

Le 5 août, l'abdication du roi m'étant officiellement connue, ma position se simplifia sans devenir moins pé-

rilleuse; dès-lors j'aurais fait arborer le pavillon tricolore si j'avais eu les moyens de vaincre la résistance
des Suisses qui, séparés de leur pays par toute la largeur
de la France et justement inquiets, étaient moins dispo-
sés que jamais à se dessaisir de la garantie que leur don-
nait l'occupation de Lorient. (*Pièce n° 2.*)

Cependant l'exaspération des habitans et même celle de
mes subordonnés ne pouvant plus être contenues, je pré-
parai secrètement avec mes chefs de service les moyens
de rendre notre infériorité moins désavantageuse; je fis
des dispositions pour éloigner ma femme, ma fille et mon
plus jeune fils, et le lendemain matin nous nous serions
probablement battus contre les Suisses.

Mais, le 5 au soir, M. de Coislin, maréchal-de-camp,
commandant la subdivision, et qui, en raison de ses
opinions politiques et de la part qu'il avait prise à la
guerre de la chouannerie, était considéré, par les légi-
timistes, comme recevant les ordres directs du roi, pres-
crivit aux Suisses de laisser faire. J'aime à attribuer cet
ordre à ses sentimens français; mais il peut aussi s'ex-
pliquer par le découragement général que la suite des événemens de Paris et la conduite du roi, et du dauphin,
avaient jeté dans le parti. (*Pièce n° 3.*)

Dès-lors, la crise eut fin et le pavillon tricolore
fut arboré; cependant l'attitude que gardèrent les cam

pagnes jusqu'à la sortie de France du roi Charles X , et tant que ses partisans conservèrent l'espoir de l'intervention étrangère ; la continuation du séjour des Suisses à Lorient, qu'ils ne quittèrent que le 16 ; une revolte générale et très sérieuse des 1,800 condamnés militaires du bagne du port qui, le 24 , étant sur les travaux, brisèrent leurs fers et tentèrent de s'évader en masse, révolte que je parvins à comprimer plus par ma fermeté, en me présentant d'abord seul devant eux , que par les moyens insuffisans dont je disposais et qui ne pouvaient être réunis immédiatement ; toutes ces causes, dis-je, rendirent encore bien longtemps ma position fort pénible et fort périlleuse. (*Pièces n*^{os} *4, 5, 6, 7, 9, 11.*)

Tout ce que Lorient renfermait d'hommes d'honneur et de sens, dans toutes les opinions, donna une entière approbation à ma conduite dans ces graves circonstances.

Par cette conduite, j'ose le dire, je n'ai pas rendu un moindre service à mon pays. Lorsque la suite qu'auraient les événemens de Paris était encore indécise ; lorsque le Roi n'ayant point encore abdiqué, on pouvait supposer qu'il tenterait une résistance pour laquelle il avait des chances temporaires dans quelques provinces, celles de l'Ouest, organisées à l'avance pour la chouannerie, s'agitaient : une collision à Lorient aurait mis le feu à la mine, et la guerre civile une fois allumée, on n'est plus maître de revenir sur ses pas.

Lorsque je descends dans ma conscience, et que je juge ma conduite avec un complet désintéressement, puisque je suis politiquement enterré depuis douze ans, ma raison n'est pas moins satisfaite que mon cœur. Si j'avais à rentrer dans cette pénible carrière, je ne m'écarterais pas d'une ligne du chemin que j'ai suivi. Au surplus, je ne pouvais pas m'égarer, parce que, dès le premier moment, j'avais fait abnégation de tout calcul personnel, et n'avais pris pour guides que le devoir et l'honneur.

Justice entière me fut rendue par le nouveau gouvernement et par son ministre de la marine, le général Sébastiani, qui, au nom du roi Louis-Philippe et au sien, me transmit, et de sa propre main, les témoignages les plus honorables de satisfaction. (*Pièces n°s 8, 10 et 12.*)

Je vais transcrire ici, en partie, la correspondance qui sert de preuve aux détails qui précèdent. — Les originaux ou les minutes en sont déposés au Ministère de la marine.

PIÈCE N° 1.

Copie d'une lettre écrite le 4 août 1830 par le Préfet maritime de Lorient à M. Tupinier, chargé de l'administration de la Marine.

« MON CHER TUPINIER,

« J'ai reçu ce matin, par estafette, les deux dépêches du 2 que
« vous m'avez adressées, comme chargé de l'administration de
« la marine ; mais je ne puis y répondre que comme ami, et seu-
« lement parce que, dans les circonstances périlleuses où je me
« trouve, il m'importe de laisser au moins un témoignage de mes
« sentimens dont la conduite forcée qui m'est imposée par ma
« position pourrait faire porter un jugement bien faux.

« Mes opinions politiques n'ont jamais varié et elles n'étaient
« que trop connues ; elles étaient telles que, le jour de la réception
« à Lorient des ordonnances du 25 juillet, je minutai une lettre au
« ministre pour donner ma démission.

« Plut à Dieu que j'eusse suivi cette inspiration ! Malheureuse-
« ment, comme les choses pouvaient encore se raccommoder, et,
« qu'en définitive, je n'avais pas d'acte politique à faire avant les
« élections, auxquelles j'étais, dans tous les cas, bien résolu de
« ne pas concourir, je crus devoir consulter un homme dont j'ap-
« précie les lumières et l'amitié (Gerbidon), il peut vous repré-
« senter ma lettre.

« C'est dans ces dispositions que les événemens de Paris m'ont
« surpris.

« Tant que je n'aurai pas été délié par une abdication du Roi,
« ou tant qu'il sera en France ou n'aura pas manifesté l'intention
« d'en sortir, l'honneur exige, dans la position supérieure où je
« suis, que je me sacrifie pour des gens dont je détestais le par-
« jure, qui m'auraient renvoyé dans un mois, qui n'ont pas mon
« cœur, mais qui ont mes sermens ; puisque je ne les ai pas quittés
« pendant qu'ils étaient puissans, il ne m'est plus permis de dé-
« serter leur cause quand ils sont malheureux ; ou, du moins, je
« dois d'abord prouver mon désintéressement.

« Puisque l'assentiment national est prononcé, loin de lui op-
« poser une résistance qui deviendrait coupable, je me bornerai,
« dès que la chose sera possible, à me démettre et à laisser à celui
« qui me suit l'exécution de vos ordres, et simultanément je m'em-
« presserai de me réunir à la cause nationale ; au surplus, ce
« changement est absolument impossible dans ce moment : 1,400
« hommes de troupes suisses très échauffées, dont 600 sont logés
« dans le port et occupent tous les postes, sans exception, s'y op-
« posent, et ce serait vouloir faire de Lorient un cimetière que de
« le tenter ; d'ailleurs les paysans qui nous entourent arriveraient
« bientôt à leur secours. Cependant la population de Lorient et les
« troupes de la marine qui ne sont pas au nombre de 300 hommes,
« ne sont comprimées qu'avec peine, et les plus grands malheurs
« peuvent être à chaque instant le résultat de cet état de choses.

« Je suis donc sur une mine dont la mèche est allumée ; aussi
« vais-je faire partir ma femme et mes enfans, et il serait fort
« possible que je ne vous revisse plus ; quoi qu'il arrive, croyez,
« mon cher Tupinier, que, jusqu'au bout, je vous aurai aimé et
« estimé.

Signé -- REDON --

PIÈCE N° 2.

Copie de la dépêche écrite le 5 août 1830 par le Préfet maritime de Lorient à M. le Directeur des Ports chargé de l'administration de la Marine, à Paris.

« Monsieur le Directeur,

« J'ai reçu hier, par estafette, les deux dépêches que vous m'a-
« vez fait l'honneur de m'adresser le 2 de ce mois.

« La demande aujourd'hui connue de saufs-conduits, faite par
« Charles X et les princes de sa famille, déliant du serment de
« fidélité qui leur avait été prêté, j'exécuterais avec autant d'em-
« pressement que de satisfaction l'ordre que vous me donnez pour
« le changement de pavillon et de cocarde, s'il y avait possibilité
« de le faire.

« Mais le 2ᵉ régiment suisse a, dans Lorient, 1,400 hommes,
« dont 600 sont casernés dans le port dont ils occupent tous les
« postes sans exception.

« Ces soldats sont très montés ; quoique leur colonel, M. de Bon-
« tems, soit animé des plus nobles et des plus généreuses inten-
« tions, il a cependant positivement déclaré que, si les couleurs
« nationales étaient arborées avant que les Suisses ne pussent le
« souffrir avec honneur, ils tireraient immédiatement sur ceux qui
« les arboreraient ou les porteraient.

« Pour calmer les inquiétudes de son régiment, qui était sur le
« point de lui échapper, il lui a fait distribuer il y a quelques jours

« des cartouches qui avaient été délivrées pour les exercices de la
« cible.

« Les troupes de la marine qui se bornent à 150 hommes au
« plus de l'artillerie et 80 ouvriers militaires, sont logées au mi-
« lieu des Suisses qui ont la main sur nos dépôts d'armes et de
« poudre, et qui ont déclaré qu'ils regarderaient comme une hostilité
« toute distribution d'armes et de munitions ; c'est ce qui m'em-
« pêche également de rappeler les 70 hommes d'artillerie qui
« sont au Port-Louis ; les Suisses ont là 4 compagnies qui ne les
« laisseraient pas partir.

« D'un autre côté, il est probable que, si un engagement avait
« lieu dans la ville, les paysans des environs arriveraient immé-
« diatement au secours des Suisses.

« Dans cet état de choses, il y a force majeure d'attendre que,
« soit par l'arrivée de troupes françaises devant Lorient, soit par
« la notification officielle de la renonciation des Bourbons, les
« Suisses puissent se retirer avec honneur.

« La position de Lorient est bien difficile, la population et les
« militaires français s'indignent d'être comprimés par des soldats
« étrangers, et les plus grands malheurs peuvent être à chaque
« instant le résultat de cet état de choses.

« M. le Régent doit cependant compter que tout ce que pourra
« faire la fermeté sera fait pour que Lorient arbore le plus tôt pos-
« sible les couleurs nationales ; mais S. A. R. désapprouverait
« une précipitation inutile qui n'aurait d'autre résultat qu'une
« horrible effusion de sang.

Signe « REDON. »

PIÈCE N° 3.

Copie de la lettre adressée le 6 août 1830 par le Préfet maritime de Lorient, à M. le Directeur des Ports, chargé de l'administration de la Marine, à Paris.

« Monsieur le Directeur,

« Lorsque je fermai la lettre que j'ai eu l'honneur de vous
« adresser hier, la position dans laquelle se trouvaient la ville et
« le port de Lorient était fort critique; elle le devint encore bien
« davantage en quelques heures; la population et les troupes de la
« marine, de plus en plus exaspérées, ne voulaient plus entendre
« les conseils de la prudence, et tout annonçait que le lendemain
« matin, après le retour d'une députation envoyée à M. le général
« de Coislin, pour lui demander des ordres pour le régiment suisse,
« le pavillon tricolore serait arboré, quelle que fût la réponse : une
« énorme effusion de sang était alors inévitable, car il n'était pas
« permis de douter de la résolution où étaient de ne pas le
« souffrir les Suisses qui avaient encore reçu, dans la nuit précé-
« dente, de M. de Coislin, l'ordre positif de ne céder à aucune con-
« sidération ; or, leur immense supériorité (leur nombre était sex-
« tuple de celui de nos soldats), les cartouches dont ils étaient mu-
« nis, au moyen de distributions qui leur avaient été faites par la
« place, antérieurement aux événemens, pour les exercices de la
« cible ; leur occupation de tous nos postes sans exception ; leur
« logement dans le port et en contiguïté avec nos soldats, conti-

« guïté qui ne permettait pas à ceux-ci de faire un mouvement
« douteux sans être à l'instant écrasés ; l'impossibilité de leur dé-
« livrer des armes et des munitions, puisque les Suisses, casernés
« à trente pas de nos dépôts, et ayant toujours les yeux dessus,
« avaient hautement juré et avaient un intérêt immense à tenir
« parole qu'ils traiteraient immédiatement en ennemi quiconque
« voudrait toucher à ces dépôts ; enfin les secours qu'ils auraient
« reçus des campagnes : toutes ces circonstances rendaient la lutte
« trop inégale pour que ce n'eût pas été un crime de ne pas faire
« l'impossible pour l'empêcher, d'autant plus que la connaissance
« du retour de Charles X à Rambouillet et de la demande qu'il
« avait faite de saufs-conduits rendait évidemment très prochain
« un arrangement qui concilierait tout.

« Cependant, je le répète, toute espérance de contenir la popu-
« lation au-delà du lendemain matin était perdue, et j'avais dû
« prendre secrètement les dispositions qui pouvaient rendre nos
« chances de combat moins défavorables.

« C'est dans cet état de choses qu'est enfin arrivée, à huit heures
« du soir, une autorisation de M. de Coislin au régiment suisse de
« ne plus s'opposer au changement de couleurs.

« Dès-lors tout a été aplani ; le colonel de Bontems , au noble
« caractère duquel je ne saurais donner trop d'éloges, et à qui on
« doit d'avoir évité ici les plus grands malheurs, s'est réjoui de
« pouvoir céder avec honneur ; et ce matin, au lever du soleil, j'ai
« fait arborer le pavillon tricolore par le port et la rade qui l'ont
« salué chacun de vingt-et-un coups de canon ; cet exemple a été
« immédiatement imité par la place et par la ville ; aucun trouble,
« aucune rixe n'ont eu lieu, et je crois pouvoir vous répondre que
« la tranquillité sera toujours maintenue.

« Le régiment suisse conserve le service de la place et du port,
« faute d'autre garnison et vu l'insuffisance des troupes de la ma-
« rine ; j'ai rappelé le détachement d'artillerie qui était à Gavres.

« mais cela ne me fournit que les moyens de prendre la garde de
« la poudrière du port.

« Les Suisses ont gardé la cocarde blanche, mais elle est cachée
« sous la coiffe du shako.

« Si des troupes françaises se présentent, elles n'éprouveront,
« de leur part, aucune difficulté pour entrer dans la place ; ils at-
« tendent les ordres des cantons.

« Pour porter plus tôt à la connaissance du gouvernement le
« compte que je viens de vous rendre, j'ai expédié, hier soir, par
« estafette, à M. le préfet de Brest, une dépêche qui le résume et
« que je l'ai prié de vous transmettre par le télégraphe.

Signé « REDON. »

PIÈCE N° 4.

Copie d'une lettre écrite le 7 août 1850 à M. le Directeur des ports, chargé de l'administration
de la marine, par le Préfet maritime de Lorient.

« MONSIEUR LE DIRECTEUR ,

« J'ai l'honneur de vous remettre copie de la lettre que j'adresse,
« par estafette, à Rennes, à M. le lieutenant-général commandant
« la division.

« Je me réfère à son contenu, et je me borne à joindre ici un
« exemplaire d'une proclamation qui paraît avoir fait un bon
« effet dans les campagnes ; il paraît du moins certain que la prise
« d'armes est ajournée.

Signé « REDON. »

Copie d'une lettre écrite le 7 août 1830, par le Préfet maritime de Lorient, à M. le Lieutenant-Général Commandant la 12e Division militaire à Rennes.

« Monsieur le Lieutenant-Général,

« Vous savez sans doute que le port et la ville de Lorient ont
« arboré hier le pavillon tricolore ; cette mesure a été retardée
« par l'opposition du 2e suisse ; ayant quatorze cents hommes dans
« la place, tandis que toutes les troupes françaises s'y bornaient à
« cent cinquante artilleurs de la marine et à quatre-vingts ou-
« vriers d'artillerie ; occupant, sans exception tous les postes de
« la ville et du port, munis de cartouches à balle qui leur avaient
« été délivrées, antérieurement aux événemens, pour les exercices
« de la cible, et empêchant que l'on pût tirer des armes et des
« munitions de nos dépôts à trente pas desquels ils sont casernés,
« ils comprimaient le mouvement par une telle supériorité de
« forces et de moyens, que c'eût été une folie d'essayer la lutte
« dans laquelle il était d'ailleurs à craindre qu'ils ne fussent im-
« médiatement aidés par les paysans des environs que le général
« Cadudal s'occupait de lever ; et cependant l'exaspération de la
« population et des troupes françaises était portée à tel point, qu'il
« n'était plus possible de leur faire entendre les conseils de la pru-
« dence, lorsqu'enfin un ordre de M. le général de Coislin qui avait
« appris le retour de Charles X à Rambouillet, en autorisant le
« colonel de Bontems à cesser sa résistance, a permis à celui-ci
« de céder avec honneur.

« Il n'en est pas moins de la première et de la plus urgente im-
« portance de retirer ce régiment d'ici ; tel événement peut avoir

« lieu, qui nous replacerait sur le terrain dangereux que nous ve-
« nons à peine de quitter ! Le général Cadudal, je le sais positive-
« ment, a suspendu sa prise d'armes en attendant une décision de
« la grande question qui s'agite à Paris ; mais, d'un moment à
« l'autre, il peut l'effectuer, et il serait plus qu'à craindre que le
« régiment suisse ne le secondât immédiatement.

« Il n'y a donc, littéralement, pas un instant à perdre pour en-
« voyer au **2ᵉ** suisse l'ordre de sortir de Lorient et d'aller dans
« une place ouverte où les mesures qu'on voudra prendre à son
« égard seront d'une exécution plus facile ; M. de Bontems m'a
« dit qu'il obéirait sans difficultés à vos ordres, mais je ne suis
« pas sûr que son régiment ait la même sagesse, car le colonel,
« accusé par ses soldats de sentimens trop français, a déjà été sur
« le point de voir son autorité méconnue, et même sa vie en
« danger.

« Pour moins effaroucher ce corps, il faudrait, je pense, le des-
« tiner d'abord pour Vannes ; sans doute cette destination, qui le
« rapprocherait du foyer d'insurrection, ne conviendrait pas, si elle
« devait se prolonger ; mais le point important est de le tirer de
« Lorient où il serait en mesure de faire une résistance opiniâtre ;
« à peine arrivé à Vannes, il pourrait y trouver des ordres qui lui
« donneraient une autre destination.

« Si vous ne pouviez cependant l'envoyer à Vannes, peut-être
« pourrait-il aller à Quimper, quoiqu'on serait obligé de le loger
« chez l'habitant ; mais ne pensez pas à l'appeler *de suite* à Rennes,
« à Brest, ou à toute autre place où il saurait trouver une force
« supérieure française, probablement il refuserait l'obéissance.

« En même temps que vous retireriez le régiment suisse de
« Lorient, il serait indispensable que vous le fissiez relever ici par
« douze cents hommes de troupes françaises pour le service du
« port et de la place ; il sera convenable cependant que ces troupes
« n'arrivent qu'après le départ des Suisses ; le peu d'artillerie de

« marine que j'ai et la garde nationale assureront le service en
« attendant.

« L'importance et l'urgence de la mesure que je vous propose
« me déterminent, monsieur le lieutenant-général, à vous envoyer,
« par estafette, cette lettre dont je transmets copie au gouverne-
« ment par la lettre ci-jointe que je vous prie de vouloir bien faire
« mettre à la poste.

« *P. S.* Vous savez que le 2ᵉ suisse a quatre compagnies au
« Port-Louis ; il serait à désirer qu'elles fussent aussi retirées de
« ce point important ; d'ailleurs le régiment, en ne se voyant pas
« divisé, sera plus facile.

« Lors même que vous ne voudriez pas que le 2ᵉ suisse fût à
« Vannes, vous pourriez toujours, pour faciliter sa sortie de Lorient,
« lui en donner l'ordre, et m'en adresser un autre qui changerait
« cette destination et que je ferais remettre au colonel de Bontems,
« dès que le régiment serait à une lieue de la place, et après avoir
« pris quelques précautions pour qu'il n'y pût rentrer ; si vous adop-
« tiez ce parti, il ne serait pas prudent de vous confier, pour cette
« mesure, au général de Coislin.

« Au moment où je ferme cette lettre, une nouvelle fermenta-
« tion se manifeste ; des étourdis et des fous veulent exiger que
« les Suisses, qui ont caché leur cocarde blanche sous la toile du
« shako, prennent la cocarde tricolore ; les plus graves inconvé-
« niens peuvent résulter de cette prétention, à laquelle très certai
« nement les Suisses ne céderont pas ; il est plus que temps, je le
« répète, de retirer ce régiment d'ici.

Signé « REDON. »

PIÈCE N° 5.

Copie d'une lettre écrite le 7 août 1830 par le Préfet maritime de Lorient, à M. le Directeur des Ports, chargé de l'administration de la marine.

« Monsieur le Directeur,

« Depuis la lettre que je vous ai écrite ce matin, par l'estafette
« que j'ai envoyée à Rennes, au lieutenant-général Bigarré, est
« arrivé à Lorient M. la Prairie, chef de bataillon attaché à
« l'état-major de cet officier-général, et envoyé par lui pour prendre
« connaissance de notre situation.

« M. la Prairie vient de repartir pour Rennes, et je l'ai rendu
« porteur de la lettre pour le général Bigarré, dont je vous remets
« ci-joint copie, et par laquelle vous verrez qu'il devient de plus
« en plus urgent de faire sortir, de gré ou de force, le 2ᵉ suisse de
« Lorient.

Signé « REDON. »

Copie de la lettre écrite le 7 août 1830 à 4 heures du soir, par le Préfet maritime de Lorient, à M. le Lieutenant-Général commandant la 13ᵉ Division militaire à Rennes.

« Monsieur le Lieutenant-Général,

« J'ajoute à ce que je vous ai écrit ce matin, par estafette, que
« divers indices postérieurs me font redouter de plus en plus que
« le 2ᵉ suisse n'obéisse pas à l'ordre de quitter Lorient.

« Ainsi, tout en lui prescrivant de le faire dans les vingt-quatre
« heures de la réception de votre ordre qu'il faudrait envoyer par
« estafette, je serais d'avis que vous fissiez partir de suite les deux
« régimens de Rennes et un régiment de Brest, pour l'y forcer, en
« cas de refus ; s'il obéissait, je m'empresserais d'en envoyer
« l'avis, par estafette, à ces régimens, pour les faire rétrograder,
« ou du moins ceux que vous ne destineriez pas à la garnison de
« Lorient.

« Si le régiment suisse refuse d'obéir, soyez sûr qu'il appellera
« immédiatement les paysans ; on m'affirme que le général Ca-
« dudal est venu en ville cette nuit, et il ne s'y serait pas exposé
« sans motifs puissans ; il serait d'une telle importance pour les
« chouans de faire de Lorient une place d'armes où ils trouve-
« raient d'immenses approvisionnemens de guerre, que le gouver-
« nement ne saurait trop se hâter de mettre ce point en sûreté.

Signé « REDON. »

PIÈCE N° 6.

Copie de la lettre écrite le 8 août 1850 par le Préfet maritime de Lorient à M. le Directeur des Ports, chargé de l'administration de la marine.

« MONSIEUR LE DIRECTEUR,

« Je vous remets copie de la lettre que j'ai écrite ce matin au
« préfet de Brest, pour lui demander un secours qui nous devient
« de plus en plus nécessaire : des indices inquiétans semblaient

« annoncer hier soir que la prise d'armes dans le Morbihan allait
« avoir lieu d'un instant à l'autre. Ce soir mes craintes sont dimi-
« nuées, mais l'incertitude à cet égard est d'autant plus pénible
« que, douze heures après la prise d'armes, les chouans seraient
« devant Lorient.

« Il est impossible de rester plus longtemps dans cette posi-
« tion, et il vaut mieux courir les chances d'un combat inégal que
« de rester exposés à être chaque nuit surpris sans aucun moyen
« de défense, par ceux mêmes qui nous gardent.

« Aussi ai-je donné des ordres pour que, dès demain matin,
« notre artillerie prenne, sous les yeux des Suisses, et comme pour
« un exercice, nos pièces de campagne qui sont dans une cour
« commune aux deux corps ; s'ils ne s'y opposent pas, elles n'y
« rentreront plus et seront mises en lieu sûr ; s'ils s'y opposent,
« nous les traiterons en ennemis.

« Dès demain matin aussi, je ferai introduire secrètement dans
« le port quarante mille cartouches à balles que nous avons à Tre-
« faven dont j'ai repris la garde.

« Hier, j'ai fait délivrer six cents fusils à la garde nationale qui
« est bien composée ; les Suisses n'ont pas fait opposition, quoique
« la chose ait occasionné de la rumeur parmi eux.

« Enfin, dès demain, j'exigerai que la garde nationale prenne la
« garde des deux portes de la ville sur la campagne.

« J'ai concerté les dispositions propres, s'il y a combat, à com-
« penser notre infériorité de nombre et à nous assurer la disposi-
« tion de notre salle d'armes ; nous armerons, s'il le faut, nos ou-
« vriers, les disciplinaires, et même les condamnés militaires qui
« ne seraient pas un médiocre secours.

« Au surplus, le colonel de Bontems, dont je ne suspecte certes
« pas la loyauté, assure toujours qu'il obéira aux ordres de la di-
« vision, et il en a donné une preuve importante en faisant quitter
« la cocarde blanche à son corps, mais sans prendre cependant la

« cocarde tricolore, comme le général Bigarré le lui avait pres-
« crit.

« Mais je me défie fort, et avec beaucoup trop de raison, des dis-
« positions de son régiment, surtout pour le cas où les chouans pa-
« raîtraient devant Lorient.

« Je n'ai point encore reçu la réponse du général Bigarré ; je
« l'attends à chaque instant, et je ne fermerai cette lettre que dans
« la nuit et aussi près que possible du départ du courrier, afin de
« vous faire connaître cette réponse, si je la reçois à temps.

« J'ai appris ce matin, par une lettre particulière de Belle-Isle
« en mer, que cette place, qui n'avait encore cependant reçu au-
« cun ordre, avait arboré le pavillon tricolore.

Signé « REDON. »

Copie d'une lettre écrite le 8 août 1830 par le Préfet maritime de Lorient au Préfet maritime de Brest.

« MONSIEUR LE PRÉFET,

« La position de Lorient est extrêmement critique ; quoique le
« 2ᵉ suisse ait cessé, le 5 au soir, son opposition à l'arborement
« du pavillon tricolore, sa contenance n'en est pas moins plus que
« suspecte, et si, comme cela est fort à craindre et peut arriver
« d'un moment à l'autre et en moins de douze heures, les chouans
« dont le général Cadudal s'était déjà assuré dans le Morbihan,
« mais dont la prise d'armes a tout-à-coup été suspendue pour
« attendre le résultat de la grande question qui s'agite à Paris ; si,
« dis-je, les chouans se lèvent, il n'est pas douteux que le 2ᵉ suisse

« ne les seconde et ne leur livre la place et le port de Lorient, où
« son extrême supériorité de forces (son nombre est sextuple de
« celui des troupes de la marine), son casernement dans le port,
« son occupation de presque tous les postes, y compris les portes
« de la ville, les munitions dont il est fourni, tandis que nous n'en
« avons pas et que nous ne pouvons en prendre dans nos dépôts
« qu'il surveille, nous livrent à sa merci.

« J'ai fait connaître hier, par estafette, cet état de choses au
« lieutenant-général commandant à Rennes et au gouvernement,
« en demandant avec instances, et qu'on donne ordre au 2ᵉ suisse
« de sortir de Lorient, et qu'on envoie des troupes, pour les y
« obliger, s'ils s'y refusent, comme je le crains. Il n'est pas dou-
« teux que ces demandes ne soient prises en immédiate considé-
« ration; mais les secours pouvant arriver trop tard par cette voie,
« si vous aviez des bâtimens prêts sur lesquels vous pussiez nous
« expédier de suite un régiment ou même deux, vous feriez une
« chose qui ne pourrait qu'être approuvée par le gouvernement,
« et qui pourrait, mieux que toute autre mesure, sauver un point
« aussi important, et dont les chouans sont aussi intéressés à faire
« une place d'armes; quand vous ne pourriez nous envoyer qu'un
« bataillon, ou même moins, cela nous mettrait en mesure de tenir
« tête aux Suisses dans la place.

« Mais ayez soin aussi d'envoyer beaucoup de cartouches et un
« millier de fusils pour pouvoir en donner au besoin à nos ouvriers
« et à la population de Lorient, parce que, je vous le répète, je
« n'ose pas en faire prendre dans nos dépôts.

« Je ne saurais trop, monsieur le préfet, vous inviter à ne pas
« perdre *une minute* pour venir à notre secours, car nous sommes
« vraiment ici sur une mine chargée et dont la mèche peut être
« allumée à chaque instant.

« Je transmets au gouvernement copie de cette lettre.

Signé « REDON. »

PIÈCE N° 7.

Copie de la lettre écrite le 11 août 1830 par le Préfet maritime de Lorient, à M. le directeur des Ports, chargé de l'administration de la marine.

« MONSIEUR LE DIRECTEUR,

« J'ai reçu enfin ce matin, sous la date du 9, une réponse de
« M. le lieutenant-général Bigarré, mais elle se bornait à m'an-
« noncer qu'il avait pris les ordres du gouvernement ; ce retard eût
« pu être bien fatal, si les événemens que faisait craindre la situa-
« tion des derniers jours s'étaient réalisés.

« M. le préfet de Brest avait mieux compris la gravité et l'ur-
« gence des circonstances, et, dès la réception de ma lettre, il avait
« fait diriger sur Lorient, par Lanveoc (c'est-à-dire en traversant
« la rade de Brest), 600 hommes du 52ᵉ qui arriveront le 14, et
« il m'avait expédié, par la goëlette *la Lyonnaise*, cinq cents
« fusils et dix mille cartouches ; ce bâtiment est arrivé aujour-
« d'hui.

« Ce matin sont enfin parvenus les ordres de M. le commissaire
« provisoire de la guerre, pour l'envoi à Belle-Isle du 2ᵉ suisse ;
« deux bataillons partent demain, et le 3ᵉ le 16 ; ils seront rem-
« placés ici par deux bataillons du 52ᵉ et par un bataillon du
« 12ᵉ léger.

« Les tentatives de mouvement, dans les campagnes qui nous
« environnent, ne paraissent pas avoir de suites.

« La crise est donc terminée.

Signé « REDON. »

PIÈCE N° 8.

Copie de la dépêche adressée le 12 août 1850 au Préfet maritime de Lorient, par le Ministre secrétaire d'état au Département de la marine et des Colonies (2ᵉ Division, 1ᵉʳ Bureau).

« MONSIEUR LE PRÉFET,

« J'ai mis sous les yeux du Roi vos lettres des 5, 6, 7 et 8 de ce
« mois, par lesquelles vous m'avez rendu compte de ce qui s'est
« passé à Lorient depuis que les événemens de la fin de Juillet y
« ont été connus, ainsi que de l'exécution des ordres qui vous
« avaient été transmis le 2 pour faire arborer le pavillon tricolore
« sur tous les établissemens de la marine et à bord des bâtimens
« de l'état.

« S. M. m'a chargé de vous exprimer son entière satisfaction
« pour la conduite à-la-fois ferme et prudente que vous avez
« tenue dans ces circonstances que la présence d'un régiment
« suisse rendait difficiles; les dispositions que vous avez prises
« pour prévenir de graves désordres sont excellentes, et méritent
« sous tous les rapports d'être approuvées.

« Tout porte à croire au surplus que les motifs que vous avez
« eus de craindre pour la tranquillité du Morbihan et pour la sû-
« reté de l'arsenal maritime et de la ville de Lorient n'existent
« plus aujourd'hui. M. le ministre de la guerre a donné des ordres
« au lieutenant-général, qui commande à Rennes, pour que des
« troupes vous soient envoyées sans délai; la soumission des
« Suisses ne peut plus être douteuse, des ordres leur ayant été

« envoyés à ce sujet par leurs supérieurs ; et des arrangemens
« sont pris avec les cantons pour que le licenciement de ces troupes
« ait lieu sur-le-champ , conformément aux clauses des capitula-
« tions en vertu desquelles elles avaient été mises au service de la
« France.

« Je n'ai point été étonné de ce que vous m'avez écrit des
« bonnes dispositions de M. le colonel de Bontems ; je connais cet
« officier, et je sais qu'on peut compter sur sa loyauté et sur son
« zèle ; veuillez continuer à vous entendre avec lui dans le grand
« intérêt qui vous occupe.

Signé « Horace SÉBASTIANI. »

P. S. De la main du ministre.

« Je me trouve heureux de rencontrer immédiatement l'occa-
« sion de vous témoigner combien S. M. est satisfaite des services
« que vous venez de lui rendre ; vos talens, votre haute capacité
« me sont connus depuis longtemps, nos rapports vous feront
« connaître que je sais les apprécier.

Signé « Horace SÉBASTIANI. »

PIÈCE N° 9.

Copie de la lettre adressée le 13 août 1830, par le **Préfet** maritime de **Lorient** à **M.** le **Directeur**
des **Ports,** chargé par intérim du **Département** de la marine.

« MONSIEUR LE DIRECTEUR ,

« J'ai reçu ce matin, par estafette, la dépêche que vous m'a-
« vez fait l'honneur de m'écrire le 11 de ce mois.

« Mes dernières lettres vous auront appris que la situation de
« Lorient est devenue tout-à-fait rassurante.

« La sortie des Suisses, l'organisation, l'armement et la mise
« en activité de la garde nationale ; la cessation des inquiétudes
« sur l'armement immédiat des campagnes, et enfin l'arrivée qui
« doit avoir lieu demain de troupes françaises, rendraient aujour-
« d'hui sans objet l'armement des ouvriers du port, mesure à la-
« quelle au surplus vous savez que j'étais décidé, si elle était de-
« venue nécessaire.

Signé « REDON. »

PIÈCE N° 10.

Copie de la dépêche adressée le 18 août 1850, à M. le Préfet maritime de Lorient, par le Ministre
secrétaire d'état au Département de la marine et des colonies (2 Division, 1ᵉʳ Bureau).

« MONSIEUR LE PRÉFET,

« J'ai reçu les lettres que vous m'avez fait l'honneur de m'é-
« crire, les 11, 12 et 13 de ce mois, et qui sont particulièrement
« relatives à la situation politique de Lorient et du département
« du Morbihan.

« Je me suis empressé de mettre ces lettres sous les yeux du
« roi, et S. M. m'a expressément chargé de vous exprimer de
« nouveau combien elle est satisfaite de la conduite à-la-fois pru-
« dente et ferme que vous avez tenue dans les circonstances diffi-
« ciles où vous vous êtes trouvé, ainsi que des mesures que vous
« avez prises pour maintenir l'ordre dans le port dont l'adminis-
« tration vous est confiée.

Signé « Horace SÉBASTIANI. »

PIÈCE N° 11.

Copie de la lettre écrite, le 19 août 1830, au Ministre secrétaire d'état de la marine et des colonies, par le Préfet maritime de Lorient.

« Monsieur le Ministre,

« Tous les rapports des campagnes les présentent comme dans
« un calme parfait ; cependant j'ai plus d'une raison de craindre
« que ce calme ne soit plutôt le résultat d'un système de tempo-
« risation que la preuve d'une soumission définitive, et que tout
« ne se prépare pour une prise d'armes, si des démonstrations
« hostiles étaient faites sur nos frontières, ou si des troubles se
« manifestaient dans d'autres parties de la France ; en un mot, on
« se lèverait, si on voyait le gouvernement obligé de partager ses
« moyens.

« Les généraux Cadudal, La Boissière (qui avait déjà fait une
« démonstration) et de Coislin avaient reçu du général Bigarré,
« l'ordre de se rendre de suite à Paris aux ordres du ministre de
« la guerre ; les deux premiers n'ont pas obéi, et je ne suis pas
« sûr que le troisième l'ait fait ; cette désobéissance doit donner à
« penser.

« D'un autre côté, le colonel Cadudal, qui avait été arrêté à
« Angers, a été relâché, et est venu rejoindre son frère, et c'est
« un homme fort dangereux.

« Je ne suis pas placé de manière à pouvoir bien juger du plus ou
« moins de probabilité des inquiétudes que je vous transmets ; ce-
« pendant je crois qu'elles ne sont pas à négliger.

« Il me semble qu'il faudrait répartir beaucoup de troupes dans
« le Morbihan, où il n'y en a presque pas : leur présence suffirait

« probablement pour empêcher une explosion qu'on aura beau-
« coup plus de peine à étouffer, si elle éclate une fois.

« Le gouvernement peut au surplus être parfaitement tranquille
« pour Lorient ; maintenant qu'il n'y a plus de Suisses, la popu-
« lation et les ouvriers du port suffiraient pour la sûreté de ce point
« important.

Signé « REDON. »

PIÈCE N° 12.

Copie de la dépêche adressée le 25 août 1830, au Préfet maritime de Lorient par le Ministre secrétaire d'état au Département de la marine et des colonies. (Secrète.)

« MONSIEUR LE PRÉFET,

« J'ai reçu la lettre que vous m'avez fait l'honneur de m'écrire
« le 19 de ce mois.

« Je me suis empressé de la mettre sous les yeux du roi et de
« la communiquer à MM. les ministres de l'intérieur et de la
« guerre.

« Des mesures ont été prises pour prévenir les dangers que
« vous me signalez ; j'ai donc lieu d'espérer que la tranquillité ne
« sera point troublée dans le Morbihan.

« Au surplus, S. M. compte sur le zèle et la fermeté dont ré-
« cemment encore vous avez donné des preuves pour concourir à
« toutes les dispositions qui seraient faites par les autorités de
« Lorient, si le besoin s'en faisait sentir, ce qui me paraît dé-
« sormais peu probable.

Signé « Horace SÉBASTIANI. »

DEUXIÈME PARTIE.

RÉVOCATION DU COMTE REDON.

Après avoir, contre toute probabilité, conservé sans perdre ma propre estime, ma position officielle dans une tempête si fertile en naufrages et dans laquelle il eût du moins été honorable de périr, je ne devais pas m'attendre à me perdre sur un écueil aussi misérable que l'ignorance et l'étourderie d'un ministre; et c'est cependant ce qui m'arriva.

Je continuais à servir avec mon zèle habituel, et avec distinction, j'ose le dire (pourquoi ne me rendrai-je pas avec toute la marine cette justice posthume?).

Mais ma place était enviée, et un article du *Constitutionnel* du 17 novembre 1830 (article évidemment inséré dans un intérêt auquel il a dans le fait profité), après m'avoir calomnié, la demandait *nominativement* pour M. le contre-amiral Mallet, *qui fut effectivement mon successeur. Je crus devoir en écrire au mi-*

nistre, *alors M. le comte D'Argout*, qui me répondit d'une manière honorable et rassurante. On verra bientôt si elle était sincère.

Voici ma lettre et sa réponse :

Lorient, 20 novembre 1830.

« MONSIEUR LE MINISTRE,

« *Le Constitutionnel* du 17 contient un article dans lequel on « demande pour M. le contre-amiral Mallet la préfecture du troi-« sième arrondissement maritime, *que le titulaire actuel ne* « *paraît pas devoir conserver après la révolution de 1830 qui a* « *besoin de fonctionnaires qui lui soient dévoués, qui l'aiment* « *et qui aient vu avec joie notre pavillon national.*

« Les personnes de toutes les opinions qui me connaissent, et « particulièrement toute la marine, m'auront vu avec bien de « l'étonnement désigner sous de pareilles couleurs.

« Je sais bien qu'il ne faut mettre aucune importance à une « attaque anonyme dans un journal, et surtout lorsqu'elle se rat-« tache aussi naïvement à la guerre faite aux places ; cependant « je ne puis m'empêcher de trouver piquant, après avoir été, « pendant toute la restauration, en butte aux dénonciations con-« traires, et après avoir vu bien souvent ma position compromise « par elles, d'être accusé aujourd'hui d'avoir vu avec peine « triompher une opinion que personne n'a moins que moi caché « être la sienne ; M. Mallet le sait bien lui-même, et je m'en rap-« porterais volontiers à son témoignage ; aussi ne douté-je pas « qu'il n'ait vu avec un vif regret employer un pareil moyen pour « le servir.

« Au surplus, je ne tiens à ma place qu'autant que j'y jouirais « de la confiance du gouvernement, et il m'est permis d'y compter « d'après les témoignages flatteurs que vous m'en avez donnés.

Signé « REDON. »

RÉPONSE :

« Paris, le 29 novembre 1830.

« Monsieur le Préfet,

« J'avais vu dans *le Constitutionnel* l'article au sujet duquel vous
« me faites l'honneur de m'écrire ; vous avez raison de ne pas at-
« tacher à ces sortes d'attaques, qui ne m'étonnent pas moins que
« vous, plus d'importance qu'elles ne méritent ; c'est la consé-
« quence de la liberté de la presse ; mais, comme elle est indis-
« pensable sous notre forme de gouvernement, il faut savoir sup-
« porter avec un peu de résignation les inconvéniens qu'elle
« entraîne, afin de jouir des immenses avantages qu'elle nous
« promet ; les dénonciations tombent bientôt d'elles-mêmes quand
« elles ne sont pas fondées, et c'est ce qui ne peut manquer d'avoir
« lieu à l'égard de celle dont vous vous plaignez ; il ne m'en est
« d'ailleurs parvenu officiellement aucune qui vous concernât, et si,
« contre toute probabilité, il m'en était adressé, vous en seriez le
« premier instruit par la communication que je m'empresserais de
« vous en faire.

Signé « comte d'Argout. »

Les inquiétudes de guerre extérieure et de guerre
civile n'étaient point calmées, et pour ce cas qui aurait
appelé toutes les troupes aux frontières, on avait or-
donné la formation en compagnies armées des ouvriers
des ports militaires. La mesure était plus nécessaire
pour celui de Lorient, entouré de campagnes hostiles
au nouvel ordre de choses, et qui n'était même pas
couvert par une chemise complète ; aussi avais-je pris
cette mesure à cœur.

Mais les ordres reçus de Paris allaient en partie contre le but proposé, ou étaient insuffisans. De là, de ma part, des objections et des demandes où je mettais une chaleur et une insistance proportionnées à l'intérêt que j'y portais.

Un ministre complétement ignorant des hommes et des choses qu'on lui avait livrés, et dont je n'étais pas connu, au lieu de se reporter à ma correspondance antérieure, qui aurait rendu son erreur impossible, prit mes représentations pour du mauvais vouloir.

Ce ministre, célèbre par ses habitudes de violence, m'écrivit de sa main la lettre suivante :

« Paris, 17 janvier 1831.

« *Confidentielle.*

« Monsieur le Préfet,

« Divers renseignemens m'indiquent que vous désapprouvez « l'ordonnance du 8 octobre concertée entre les ministres de la « guerre, de l'intérieur et de la marine, discutée en conseil d'ami- « rauté et adoptée par le conseil des ministres et par le roi; vous « êtes libre sans doute de différer d'opinion avec le conseil, mais « il ne faut pas que la manifestation de vos sentimens nuise à « l'exécution des mesures dont le soin vous est confié. Si, par des « motifs que je ne puis comprendre, ces mesures blessent votre con- « science, votre devoir serait de vous retirer plutôt que de com- « promettre le service par une coopération qui manquerait de fran- « chise; vous êtes un homme d'honneur; je m'adresse à vous-même « pour savoir ce que je dois croire et sur quoi je dois compter; « j'attendrai votre réponse pour prendre les ordres du roi.

Signé « comte d'Argout. »

Or, la veille de la réception de cette dépêche et avant que je pusse avoir aucun soupçon de l'opinion erronée du ministre, je lui avais précisément adressé sur l'organisation des compagnies d'ouvriers une lettre qui, en rappelant mes observations et demandes antérieures, et en lui rendant compte des obstacles et des difficultés que j'éprouvais, ne pouvait lui laisser aucun doute sur mes intentions : je la transcris ici.

« Lorient, le 19 janvier 1831.

{ Cabinet du Ministre.

« MONSIEUR LE MINISTRE,

« Votre dépêche du 13 (artillerie) a résolu définitivement la
« question de l'uniforme des compagnies d'ouvriers des ports mi-
« litaires, et je vais, en conséquence, faire procéder aux confec-
« tions, le drap bleu annoncé venant d'arriver, mais non les autres
« étoffes ; au surplus, la nécessité d'attendre les shakos que je vous
« demande aujourd'hui donnera le temps d'achever l'habillement.

« Mais l'organisation effective est toujours arrêtée par le défaut
« de réponse aux questions contenues dans ma lettre du 24 dé-
« cembre (artillerie), et particulièrement à la question relative à
« l'indemnité à accorder aux ouvriers les dimanches où ils seront
« réunis pour les exercices et au paiement des instructeurs.

« L'ordonnance veut, avec raison, qu'à moins de circonstances
« extraordinaires on ne fasse pas faire ces exercices les jours ou-
« vrables ; effectivement, les travaux seraient complétement dés-
« organisés ; le résultat serait d'ailleurs le même, quant à la dé-
« pense, que si on payait les ouvriers le dimanche.

« Mais, d'un autre côté, il ne faut pas espérer que les ouvriers,
« dont la plus grande partie demeure à la campagne, et beaucoup

« très loin, viennent le dimanche aux exercices, si on ne leur ac-
« corde pas un dédommagement ; et, si on punissait ceux qui y
« manqueraient, il y aurait révolte. Telle est l'opinion unanime de
« tous les directeurs qui regardent, ainsi que moi, cette condition
« du paiement d'une indemnité le dimanche comme la condition
« *sine qua non* du succès de l'institution.

« La disposition de l'ordonnance, qui place, pour les rapports
« militaires, les officiers des directions et leurs ouvriers formés en
« compagnies sous une autre autorité que celle dont ils dépendent
« sur les travaux, froisse les amours-propres ; cette difficulté, par
« suite du choix que vous avez fait d'un capitaine de frégate pour
« commander le bataillon, a pris, de la part des ingénieurs des
« constructions et des travaux maritimes qui sont les officiers de
« cinq compagnies, le caractère du mécontentement le plus pro-
« noncé et qui est partagé par tous les autres ingénieurs, et même
« par leurs directeurs, tant l'esprit de corps peut égarer les meil-
« leures têtes !

« Ils avaient espéré que les réclamations contenues dans le rap-
« port de tous les chefs de service, que j'ai eu l'honneur de vous
« adresser le 24 décembre, seraient accueillies, et que les com-
« pagnies, en restant sous les ordres des directeurs dont dépen-
« daient les officiers et les ouvriers, seraient seulement placées,
« pour le service militaire, sous le commandement du major de la
« marine, à l'instar de ce qui est pratiqué pour les compagnies
« d'ouvriers d'artillerie.

« Je ne partageais pas cette opinion, non-seulement parce que,
« moins par position que par caractère, je ne suis pas accessible à
« l'esprit de corps, mais encore parce que évidemment il ne peut
« y avoir d'organisation militaire, si le commandement n'est pas
« centralisé dans la main d'un chef permanent.

« Quand votre dépêche du 30 décembre, qui a nommé M. le
« capitaine de frégate Martin chef du bataillon, m'est parvenue,

« le mécontentement s'est manifesté au plus haut degré, et lors-
« que j'ai voulu faire procéder à la réception des officiers, j'ai vu
« le moment où les choses iraient jusqu'à la désobéissance : je n'ai
« pas besoin de vous dire que je n'ai pas cédé et que j'ai répri-
« mandé sévèrement les réclamans; j'aurais même sévi si l'una-
« nimité des torts dans tous les officiers des cinq compagnies m'en
« avait laissé les moyens; et puis l'effet de la punition eût réagi sur
« les maîtres et sur les ouvriers qui eussent épousé la cause de leurs
« officiers, et eût pu avoir les plus graves inconvéniens; il est des
« circonstances , et c'en était évidemment une, où la prudence
« commande l'indulgence.

« La reconnaissance des officiers a eu lieu le 9 de ce mois, en
« ma présence, et devant toutes les compagnies réunies, sans ar-
« mes, parce qu'il aurait été impossible d'en donner à des hommes
« déguenillés et les trois quarts en sabots; et puis d'ailleurs les
« dispositions nécessaires pour la délivrance méthodique des armes
« ne sont pas terminées.

« Mais la mauvaise volonté que les officiers de cinq compagnies
« sur six apporteront dans leur coopération à une institution qui,
« en elle-même, n'est pas sans difficultés, surtout après l'exemple
« dangereux des troubles qu'elle a occasionnés à Brest, ne me
« permet pas d'espérer un succès immédiat; les onze douzièmes
« des soldats des compagnies se composent des ouvriers des con-
« tructions et des travaux maritimes; si les ingénieurs de ces deux
« services voulaient user de leur influence, comme ils l'auraient
« fait, si le bataillon eût été commandé par un ingénieur, tout
« marcherait bien; mais ils se borneront à une obéissance passive,
« et qui sera par conséquent sans résultats; le temps seul pourra
« affaiblir cette opposition d'inertie, et j'espère aussi que l'amour-
« propre viendra à mon secours, et qu'en voyant la compagnie de
« marins faire des progrès d'instruction, les officiers des autres
« compagnies ne voudront pas que les leurs aillent moins bien. j'y

« mettrai, pour mon compte , tout le zèle qu'exigent l'importance
« de la mesure et les difficultés qu'elle rencontre (1).

« Mais, je le répète, nous ne pouvons rien commencer tant que
« la question du paiement des ouvriers les dimanches d'exercice
« n'aura pas été résolue affirmativement.

« Vous venez de m'envoyer un drapeau, ce qui produira un bon
« effet.

« Mais je ne vois pas la possibilité de le remettre au corps avant
« qu'il ne soit armé, et il ne me paraît pas pouvoir l'être avant
« d'être habillé ; or, la confection de l'habillement et l'attente des
« shakos que je ne puis guère recevoir avant six semaines, exi-
« geront un délai que vous trouverez, je le crains, trop long ; ce-
« pendant M. le général Roussin (2) m'écrit qu'il n'est pas plus
« avancé que moi, et qu'il ne remettra ses drapeaux que quand
« les hommes seront habillés.

« Vous ne vous faites pas une idée du déguenillement de nos
« ouvriers dont les trois quarts ne portent que des sabots et n'a-
« chèteront certainement pas de souliers ; les réunir en armes en
« cet état serait frapper l'institution d'un ridicule indélébile ; cet
« inconvénient a déjà été très senti lorsque j'ai réuni les compa-
« gnies pour la reconnaissance des officiers, et cependant elles
« étaient sans armes.

« A propos de souliers, je vous rappelle que le rapport que je
« vous ai adressé le 24 décembre demandait, avec instance , qu'il
« en fût accordé une paire à chaque homme ; je répète qu'un grand
« nombre n'en achèteront pas , non-seulement parce qu'ils n'en

---

(1) L'homme qui s'exprimait ainsi, ignorant qu'on le soupçonnât de mauvaise volonté, et dont tous les actes, toutes les propositions étaient évidemment d'accord avec ses paroles, prêtait-il une coopération qui manquait de
franchise ?

(2) Préfet maritime de Brest.

« ont pas les moyens, mais aussi parce qu'ils comprennent bien
« qu'on ne les réunira pas en armes en sabots.

« Je vous supplie de nouveau de prendre cette demande en con-
« sidération, ainsi que les autres questions traitées dans le même
« rapport, et relatives :

« A l'admission des journaliers dans les compagnies,

« Au nombre des sous-officiers,

« A l'adjudant-major,

« Au tambour-maître,

« A l'uniforme des officiers,

« A l'addition à l'uniforme de quelques effets de petit équipe-
« ment qui seraient plus que compensés par la suppression de la
« capote qui ne me paraît pas nécessaire,

« A la haute paie à allouer aux instructeurs,

« A l'indemnité d'entretien des caisses,

« Enfin à l'imputation de la dépense des salaires, de garde et
« d'exercice.

Signé « REDON. »

Ainsi, par un renversement des faits que constatait
invinciblement ma correspondance, j'étais accusé d'en-
traver avec déloyauté une mesure que, *le premier,*
j'avais provoquée, et relativement à laquelle je n'avais,
sur quelques points de détails, différé d'opinion avec
les bureaux que pour en mieux assurer le succès.

D'un autre côté, le soupçon injurieux que m'exprimait grossièrement le ministre, que je ne prêtais pas
une coopération *franche* à un ordre de choses qui
avait mon serment, devait être vertement repoussé par
un homme d'honneur.

Voici, en conséquence, quelle fut ma réponse à la dépêche du 17 janvier.

« Lorient, le 20 janvier 1831.

« Monsieur le Ministre,

« Je dois me féliciter de la lettre que j'ai eu l'honneur de vous
« écrire hier, puisque je vous y ai fait connaître en toute liberté,
« et avant d'avoir reçu votre dépêche confidentielle du 17, qui
« vient de me parvenir, mon opinion et mes dispositions relative-
« ment à l'ordonnance du 8 décembre.

« Dans les circonstances actuelles qui ont partout relâché les
« liens de la discipline et de l'obéissance, et après l'exemple don-
« né, à l'occasion de cette ordonnance, par les ouvriers de Brest
« et qui pourrait être contagieux pour ceux de Lorient, j'ai trouvé
« à son exécution, comme M. le général Roussin, préfet maritime
« à Brest, qui m'en écrivait encore dans ce sens, le 17 de ce
« mois, des difficultés augmentées ici par la mauvaise volonté des
« ingénieurs des constructions navales et des travaux maritimes
« qui sont les officiers de cinq compagnies sur six, et dont l'a-
« mour-propre et l'esprit de corps sont blessés d'obéir à un capi-
« taine de frégate.

« Je vous ai exprimé l'opinion que, tant que la loi qui se discute
« ne l'aura pas décidé, il ne serait pas prudent de *contraindre* à
« sortir de la garde nationale, pour entrer dans les bataillons des
« ports, les ouvriers *non classés* qui s'y refuseraient, et je vous
« ai dit que je ne le ferais pas, à moins d'ordres de vous. Cette
« opinion, votre réponse du 12 de ce mois (2e division) l'a, par le
« fait, approuvée.

« J'ai pensé et je pense encore avec tous les chefs de service,
« que la disposition de l'ordonnance qui prive les ouvriers d'une
« indemnité les dimanches où ils seront réunis pour les exercices,
« a absolument besoin d'être changée, et j'ai également demandé,

« avec les mêmes chefs de service, d'autres modifications, telles
« que le paiement des instructeurs, le doublement des sous-offi-
« ciers, un adjudant-major, un adjudant sous-officier, un tam-
« bour-maître, et l'addition à l'uniforme de souliers et autres
« objets de petit équipement.

« Mais c'est précisément pour assurer le succès de l'institution
« que j'ai fait ces observations et ces demandes qui, au surplus,
« j'ai tout lieu de le croire, vous sont également parvenues ou vous
« parviendront des autres ports.

« Qu'avec ceux de mes subordonnés appelés à coopérer à l'exé-
« cution de l'ordonnance, et en réponse aux difficultés qu'ils m'ob-
« jectaient, j'aie admis la nécessité de ces modifications, je ne fais
« aucune difficulté de le reconnaître.

« Mais que j'aie manifesté, sur le fond de la mesure, une opi-
« nion de blâme et de critique nuisible à l'exécution qui m'est
« confiée, ce qui du reste eût été bien sot, puisque j'eusse par là
« ajouté gratuitement à mes embarras ; que je n'aie pas fait loya-
« lement, et même avec une fermeté qui m'a aliéné les deux corps
« d'ingénieurs, lesquels, par parenthèse, seraient bien étonnés,
« s'ils apprenaient le danger que me fait courir ma prétendue
« opposition ; que je n'aie pas fait, dis-je, tout ce qui dépendait
« de moi pour vaincre les difficultés et les résistances et pour faire
« marcher l'exécution qui serait bien plus avancée, si j'avais reçu
« une réponse aux demandes que je vous ai adressées dès le 24
« décembre ; c'est ce que je nie hautement, et quiconque me
« connaîtra saura bien qu'aucune considération ne me détermine-
« rait à désavouer mes actes ou mes paroles.

« Au surplus, en quoi l'organisation militaire des ouvriers des
« ports pourrait-elle *blesser ma conscience*, lors même que quel-
« ques-unes des dispositions de cette organisation me paraî-
« traient pouvoir être autrement ordonnées? Ce n'est pas sur des
« questions de détail de cette espèce qu'une entière communauté

« d'opinions doit être la condition de la coopération d'un agent
« du gouvernement; il suffit qu'il obéisse avec zèle et loyauté.

« Mais d'ailleurs je reconnais toute l'importance et toute l'uti-
« lité, dans les circonstances graves où nous sommes, de la forma-
« tion militaire de nos ouvriers, non pas tant pour les soustraire au
« service de la garde nationale qui n'eût pu atteindre les hommes
« *classés*, c'est-à-dire la partie la plus importante et la plus né-
« cessaire aux travaux de la flotte, que pour la garde et la défense
« des ports, à défaut des troupes réglées qui auraient marché aux
« frontières.

« La phrase comminatoire qui termine votre dépêche confi-
« dentielle, monsieur le ministre, m'aurait fait hésiter sur cette
« explication, si déjà, je le répète, elle ne se trouvait dans la
« lettre que je vous ai écrite hier; j'aurais craint que cette réponse
« ne parût dictée par le désir de conserver ma place.

« Elle est assez difficile et assez pénible, dans les circonstances
« actuelles, pour que je n'éprouvasse aucun regret de la perdre, si
« l'éloignement du service d'un fonctionnaire placé en évidence et
« en chef ne le désignait à l'opinion comme un ennemi des prin-
« cipes politiques qui ont toujours été les miens, et dont la mani-
« festation a, pendant les seize années de la restauration,
« compromis bien souvent ma position officielle; cette considéra-
« tion acquiert plus d'importance pour moi par l'attaque récente
« dont j'ai été l'objet dans *le Constitutionnel*.

« Je regretterais de ne pouvoir plus rendre à la patrie, dans
« ces graves circonstances, des services que je crois utiles ; je suis
« beaucoup plus à mon aise pour exprimer ce regret, aujourd'hui
« que les appointemens de la préfecture de Lorient ont été réduits
« au-dessous de la dépense qu'elle exige.

« Cependant si le malheur que j'ai de n'être pas connu de vous,
« monsieur le ministre, vous rend accessible à des dénonciations
« contre moi ; si mon zèle et ma loyale coopération n'obtiennent

« pas votre confiance, il vaut mieux me retirer un emploi qui
« n'aurait plus alors aucun prix à mes yeux.

« Je vous demande seulement de ne pas me laisser dans une
« incertitude pénible.

Signé « REDON. »

La réponse de M. D'Argout ne se fit effectivement pas
attendre ; je la reçus presque courrier par courrier.
La voici :

« Paris, 31 janvier 1831.

« Monsieur le comte, j'ai l'honneur de vous informer que le roi,
« par une ordonnance du 30 de ce mois, a nommé M. le contre-
« amiral Mallet, préfet maritime à Lorient, et vous a admis à
« faire valoir vos droits à la retraite.

« L'intention de S. M. est que vous conserviez le service de la
« préfecture maritime jusqu'à l'arrivée de votre successeur.

Signé « comte d'ARGOUT. »

Si M. d'Argout, qui ne me connaissait pas, cédant
aux préventions qu'il avait conçues ou qu'on lui avait
données contre moi, m'avait, au lieu de m'écrire sa
lettre du 17 janvier, fait immédiatement révoquer,
j'aurais regretté son erreur ; mais la gravité et la difficulté des circonstances auraient pu l'excuser, et je n'en
aurais conçu aucun ressentiment. Mais, après m'avoir
déclaré *qu'il s'adressait à moi-même pour savoir ce
qu'il devait croire et sur quoi il pouvait compter,* et
après que j'avais répondu si clairement et si franche-

ment à cet appel *qu'il disait faire à mon honneur,* cette révocation était une volontaire iniquité. La fermeté avec laquelle, sans me montrer effrayé de la menace qui terminait sa lettre, je repoussais le doute injurieux qu'il m'avait exprimé sur ma loyauté, et la démonstration invincible que toute ma correspondance et tous mes actes prouvaient diamétralement le contraire de l'accusation qu'il avait si légèrement admise contre moi lui avaient donné de l'humeur.

Ainsi, une vie tout entière honorable et utile, des sentimens patriotiques éprouvés, une capacité et un zèle non contestés, des services de la première importance rendus au gouvernement nouveau, de son aveu, et dans les circonstances les plus périlleuses, et l'impossibilité de douter de la franchise et du dévoûment de ma coopération; aucune de ces considérations n'arrêta M. d'Argout; il pouvait, au moins, se borner à me retirer la préfecture de Lorient et me réserver l'avenir en me faisant placer en disponibilité; il pouvait aussi me faire rappeler en service ordinaire ou extraordinaire au conseil d'état; mais il voulut briser complétement, en faisant prononcer ma retraite définitive à cinquante ans, une existence acquise par trente-sept années de services distingués et qui avaient toujours mérité et obtenu, sous tous les gouvernemens, les plus flatteurs éloges des nombreux ministres qui se sont succédé au département de la marine.

Un traitement aussi indigne qui étonna toute la marine, dont j'avais et dont j'ai conservé toute l'estime, et qui révolta la ville et le port de Lorient, témoins des faits, ne m'inspira qu'un profond dédain. Je me bornai au simple accusé de réception suivant, et, sans attendre mon successeur, comme on m'y autorisait, je remis immédiatement le service au major de la marine.

« Lorient, le 3 février 1831.

« Monsieur le Ministre,

« Je reçois la dépêche du 31 janvier, par laquelle vous m'annoncez mon admission à la retraite.

« Je crois entrer dans les intentions qui vous ont fait proposer cette mesure au roi, en remettant immédiatement le service à M. le major de la marine.

Signé « Redon. »

Revenu à Paris, je m'abstins de toute réclamation, de toute démarche. J'avais trop le sentiment de l'iniquité et de l'absurdité de la mesure dont j'avais été frappé ; j'avais trop la conscience d'avoir mérité un tout autre traitement pour descendre, *ni alors ni depuis*, à ce qui pouvait ressembler à une sollicitation.

Cependant, comme le *Constitutionnel*, dans un article faisant suite à celui par lequel il m'avait antérieurement dénoncé et avait demandé *nominativement* ma place *pour celui même à qui elle avait été donnée ;* comme *le Constitutionnel,* dis-je, affirmait que ma destitution était motivée par mon opposition au nouvel ordre de choses, et qu'il ne me convenait pas de laisser ainsi fausser l'opinion ; j'allais faire imprimer l'exposé qui précède ; mais le gouvernement eut à cette époque à lutter contre les émeutes ; mes récriminations auraient paru se joindre aux attaques des perturbateurs de l'ordre public, et n'auraient pas manqué d'être appuyées par les deux oppositions extrêmes : cette considération devait imposer silence à un bon citoyen. Plus tard, cette publication avait perdu son à-propos ; aujourd'hui, elle en a sans doute moins encore ; mais, ayant acquis la certitude que la calomnie a abusé de ma modération pour me nuire dans l'esprit de personnes à l'estime desquelles je tiens, je me détermine d'autant plus volontiers à cette publication, pendant que les témoins des faits sont vivans, que son désintéressement absolu ne peut plus être douteux.

REDON.

A Paris, le 15 avril 1842.

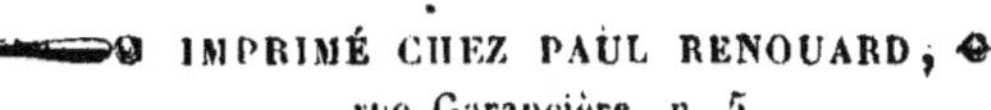

IMPRIMÉ CHEZ PAUL RENOUARD,
rue Garancière, n. 5.